Avocado

Avocado

55 geniale Rezepte

**Capt. Swings
Geheime Bibliothek**

Bibliografische Information der Deutschen Nationalbibliothek Die Deutsche Nationalbibliothek verzeichnet diese Publikation in der Deutschen Nationalbibliografie; detaillierte bibliografische Daten sind im Internet über www.dnb.de abrufbar.

Verlag: BoD · Books on Demand GmbH, Überseering 33, 22297 Hamburg, bod@bod.de
Druck: Libri Plureos GmbH, Friedensallee 273, 22763 Hamburg
ISBN: 978-3-8192-7727-6

Gestaltung: Yürgen Oster

Inhalt

Die Avocado

Übersicht

Die Avocado ist eine ernährungsphysiologisch wertvolle Frucht, die zahlreiche gesundheitliche Vorteile bietet, von der Verbesserung der Herzgesundheit über die Unterstützung der Haut bis hin zur Regulierung des Blutzuckerspiegels. Ihre hohe Beliebtheit in der modernen Ernährung hat jedoch auch Auswirkungen auf ihren Preis und ihren ökologischen Fußabdruck. Der Anbau ist arbeitsintensiv und kostet aufgrund spezifischer klimatischer Anforderungen eine erhebliche Menge an natürlichen Ressourcen.

Der Preis einer Avocado kann durch Faktoren wie Angebots- und Nachfrageschwankungen, den Transportaufwand und die klimatischen Bedingungen beeinflusst werden. Der verhältnismäßig hohe Wasserverbrauch bleibt ein wichtiger Kritikpunkt, der die Notwendigkeit einer nachhaltigeren Anbauweise unterstreicht.

Dennoch bleibt die Avocado eine wertvolle Zutat in der Ernährung, die sowohl geschmacklich als auch gesundheitlich viele Vorteile bietet. Bei der Auswahl und dem Konsum von Avocados ist es daher wichtig, auf nachhaltige Produktionsmethoden zu achten, um die ökologischen Auswirkungen zu minimieren.

Die **Avocado** (Persea americana) ist eine Frucht, die aus der Familie der Lorbeergewächse stammt und ursprünglich in Süd- und Zentralamerika beheimatet ist. Sie wächst an einem immergrünen Baum, der bis zu 20 Meter hoch werden kann. Die Früchte reifen nicht am Baum, sondern erst nach der Ernte, was den Transport erleichtert. Botanisch gesehen ist die Avocado eine Beere mit einem einzelnen, großen Kern.

Archäologische Funde, insbesondere in der Coxcatlán-Höhle im Bundesstaat Puebla, Mexiko, deuten darauf hin, dass Avocados dort bereits vor etwa 9.000 bis 10.000 Jahren konsumiert wurden. Dies bezieht sich jedoch auf den Verzehr wild wachsender Avocados durch prähistorische Gemeinschaften.

Die gezielte **Domestizierung** und der systematische Anbau der Avocado durch mesoamerikanische Kulturen erfolgten später. Untersuchungen legen nahe, dass die Domestizierung vor etwa **5.000 Jahren** begann, als Menschen Avocadobäume kultivierten, um durch Selektion größere und schmackhaftere Früchte zu ernten. Die Avocado hat sich mittlerweile weltweit einen festen Platz in der Ernährung erobert.

Besonders in den letzten Jahrzehnten hat die Avocado aufgrund ihrer gesundheitlichen Vorteile und ihrer Vielseitigkeit in der Küche an Popularität gewonnen. Die grüne Beere ist aus vielen Küchen nicht mehr wegzudenken.

Der Name **Avocado** stammt vom aztekischen Wort „ahuacatl", das ursprünglich „Hoden" bedeutete – vermutlich wegen der Form der Frucht. Spanische Kolonialisten übernahmen später das Wort als „aguacate", woraus sich der heute gebräuchliche Name ableitete. Die wissenschaftliche Bezeichnung *Persea americana* bezieht sich auf die botanische Einordnung der Pflanze innerhalb der Familie der Lorbeergewächse (Lauraceae).

Es gibt über 400 Avocadosorten, die sich in Geschmack, Textur, Größe und Schale unterscheiden. Die bekannteste Sorte ist „Hass", die weltweit etwa 80 % des Handels ausmacht. Weitere bekannte Sorten sind:

- Fuerte: Glattere, grünere Schale, cremiger Ge
  schmack.
- Bacon: Milder Geschmack, dünne grüne Schale.
- Pinkerton: Länglich, sehr hoher Fruchtfleischanteil.

Die Sorte beeinflusst nicht nur den Geschmack, sondern auch die Haltbarkeit und Eignung für bestimmte Gerichte.

Gesundheitliche Vorteile der Avocado

Avocados sind ein Ernährungswunder und bieten eine Vielzahl an gesundheitlichen Vorteilen. Sie sind eine der wenigen Früchte, die eine hohe Menge an ungesättigten Fettsäuren enthalten, vor allem einfach ungesättigte Fettsäuren in Form von Ölsäure, die auch in Olivenöl vorkommt. Diese Art von Fett hat nachweislich positive Auswirkungen auf das Herz-Kreislaufsystem, indem sie hilft, den Cholesterinspiegel zu regulieren und den Anteil an „gutem" HDL-Cholesterin zu erhöhen, während „schlechtes" LDL-Cholesterin gesenkt wird. Regelmäßiger Verzehr von ungesättigten Fettsäuren ist mit einem verringerten Risiko für Herzkrankheiten und Schlaganfälle verbunden.

Ein weiterer wichtiger Bestandteil der Avocado ist Vitamin E, das als starkes Antioxidans wirkt und die Zellen vor Schäden durch freie Radikale schützt. Vitamin K, ebenfalls in großen Mengen vorhanden, spielt eine wesentliche Rolle bei der Blutgerinnung und der Knochenbildung. Avocados sind zudem eine gute Quelle für Folat, das für die Zellteilung und die Gesundheit des Nervensystems besonders wichtig ist – vor allem in der Schwangerschaft.

Neben diesen Nährstoffen enthält die Avocado auch Ballaststoffe, die die Verdauung fördern und die Blutzuckerregulation unterstützen können. Sie hat einen geringen Zuckeranteil und hilft daher, den Blutzuckerspiegel stabil zu halten. Zudem ist sie eine ausgezeichnete Quelle für Kalium, ein Mineralstoff, der hilft, den Blutdruck zu regulieren, und für die Aufrechterhaltung einer gesunden Muskelfunktion notwendig ist.

Unverträglichkeiten & Risiken

Auch wenn Avocados viele gesundheitliche Vorteile bieten, gibt es einige Punkte, die man beachten sollte:

- Latexallergie: Menschen mit Latexallergie reagieren manchmal auch auf Avocado – das nennt man Kreuzallergie. Die Symptome reichen von Hautreaktionen bis zu Magen-Darm-Beschwerden.

- Histaminintoleranz: Avocados enthalten relativ viel Histamin oder fördern die körpereigene Histaminfreisetzung, was bei Betroffenen zu Kopfschmerzen, Hautausschlägen oder Verdauungsproblemen führen kann.

- Fettgehalt: Zwar handelt es sich um gesunde Fette, doch bei sehr hohem Konsum kann der Kaloriengehalt eine Rolle spielen – besonders bei Diäten.

- Nicht für Tiere! Avocados enthalten Persin, ein für viele Tiere (z. B. Hunde, Katzen, Vögel) giftiger Stoff.

Warum sind Avocados manchmal teuer?

Die Kosten für Avocados können je nach Region und Saison stark variieren. Es gibt mehrere Faktoren, die zu den oft hohen Preisen führen:

1. **Anbaubedingungen**: Avocados benötigen spezifische klimatische Bedingungen, um optimal zu gedeihen. Sie bevorzugen warme, subtropische bis tropische Klimazonen. Die größten Anbauflächen befinden sich in Ländern wie Mexiko, Peru, Chile, Kalifornien und Südafrika. Diese Regionen haben das ideale Klima für Avocados, aber nicht überall auf der Welt ist der Anbau wirtschaftlich sinnvoll oder praktisch.

2. **Produktionsaufwand**: Der Anbau von Avocados ist arbeitsintensiv und erfordert konstante Pflege. Bäume produzieren erst nach einigen Jahren Früchte, und der Ertrag pro Baum ist relativ gering, was die Produktionskosten pro Avocado erhöht. Auch der Transport der empfindlichen Früchte erfordert spezielle Lagerung und schnelle Lieferung, da Avocados schnell verderben können.

3. **Wachsende Nachfrage**: Die weltweite Nachfrage nach Avocados ist in den letzten Jahren stark gestiegen, besonders in westlichen Ländern.

Aufgrund ihrer Vielseitigkeit und gesundheitlichen Vorteile sind sie in der modernen Ernährung sehr beliebt geworden, was zu einem Preisanstieg führt, vor allem in Regionen, in denen Avocados nicht lokal angebaut werden können.

4. **Ernte und Transport**: Avocados müssen sorgfältig geerntet und transportiert werden, um die Frische zu erhalten. Während der Transport von Mexiko oder Kalifornien nach Europa oder in andere Teile der Welt aufwendige Logistik erfordert, kommt es nicht selten zu Preisschwankungen aufgrund von Ernteausfällen, etwa durch Naturkatastrophen oder ungünstige Wetterbedingungen.

Der Wasserverbrauch der Avocado

Ein kontroverses Thema rund um den Avocado-Anbau ist der angeblich hohe Wasserverbrauch. Es wird geschätzt, dass eine einzelne Avocado etwa 600 bis 1000 Liter Wasser benötigt, um vollständig zu reifen. Dies hat zu Diskussionen geführt, insbesondere in Regionen, die unter Wasserknappheit leiden.

In trockenen Jahren und während Dürreperioden kann der hohe Wasserverbrauch der Avocados den Druck auf lokale Wasserressourcen erhöhen.

Einige Avocado-Plantagen befinden sich in Regionen, die ohnehin unter Wasserstress leiden, was zu einer verstärkten Debatte über die Nachhaltigkeit des Avocado-Anbaus führt.

Es gibt jedoch auch Initiativen, die versuchen, den Wasserverbrauch zu reduzieren. Zudem wird darauf hingewiesen, dass der Avocado-Anbau in bestimmten Regionen keine so großen Probleme verursacht, da es Gebiete gibt, in denen der Anbau von Avocados nicht die natürlichen Wasserressourcen gefährdet.

Wasserverbrauch im Vergleich

- Kakao: ca. 27.000 Liter pro kg (also rund 2.700 Liter pro 100 g Tafel Schokolade)
- Kaffee: ca. 21.000 Liter pro kg (etwa 130 Liter pro Tasse für die Bohnenproduktion)
- Rindfleisch: ca. 15.500 Liter pro kg
- Mandeln: - ca. 13.000 Liter pro kg
- Schweinefleisch: ca. 6.000 Liter pro kg
- Reis: 3.470 Liter pro kg
- **Avocado: ca. 2.000 Liter pro kg**
- Weizen/Getreide: ca. 1.300 Liter pro kg
- Äpfel: ca. 700 Liter pro kg
- Bananen: ca. 790 Liter pro kg
- Kartoffeln: ca. 210 Liter pro kg

Wie wir sehen, liegen Avocados im mittleren Bereich, Kakao und tierische Produkte sind weitaus wasserintensiver. Der ökologische Fußabdruck hängt stark vom Anbaugebiet und der Anbaumethode ab.

Aufstriche

Guacamole[1]

Zutaten für 2 Personen

2 reife Avocados
2 Tomaten
2 Knoblauchzehen
1 EL Naturjoghurt
2-3 Spritzer Zitrone
Salz und schwarzer Pfeffer

Zubereitung

Das Fruchtfleisch aus den Avocados herauslösen und mit einer Gabel zu Mus verarbeiten. Die Tomaten fein würfeln und den
Knoblauch pressen. In einer Schale alles
miteinander vermischen und den Zitronensaft, sowie den Joghurt dazugeben. Erneut

---

[1] Das Wort *Guacamole* stammt aus der von den Azteken ge-
sprochenen Sprache Nahuatl. Es setzt sich zusammen aus
ahuacatl (Avocado) und *molli* (Sauce oder Mischung). Wörtlich
bedeutet es also „Avocadosauce" oder „Avocadomus".

umrühren und mit Salz und Pfeffer abschmecken. Den Avocadokern in der Mitte der Guacamole platzieren, um eine Bräunung der Masse zu verhindern.

Avocado Hummus

Zutaten für 2 Personen

1 Avocado
120g Kichererbsen
1 kleine Knoblauchzehe
0,5 EL Tahin Sesampaste
1,5 EL Limetten- oder Zitronensaft
1,5 EL Olivenöl
1 Prise Chiliflocken
0,5 EL Wasser
evtl. Kürbiskerne oder Korianderblätter z. Deko
Salz

Zubereitung

Die Kichererbsen abtropfen lassen und das Fruchtfleisch aus der Avocado herauslösen. Anschliessend die Avocado mit den Kichererbsen, sowie den restlichen Zutaten in einem Mixer pürieren bis eine sämige Masse entstanden ist. Sollte diese zu breiig sein, mit etwas Wasser verdünnen. Abschliessend in eine Schale füllen und mit einem Schuss Olivenöl und evtl. Korianderblättern oder Kürbiskernen garnieren.

Frischkäse Topping

Zutaten für 2 Personen

1 Avocado
30g Frischkäse
Salz
Pfeffer

Zubereitung

Das Fruchtfleisch aus der Avocado lösen und mit einer Gabel zerdrücken. Danach den Frischkäse unterrühren und mit Salz und Pfeffer abschmecken.
Passt hervorragend als Topping zu scharfen Chilis und Currys oder aber pur als Brotaufstrich.

Brotaufstrich mit Avocado und Ei

Zutaten für 2 Personen

1 große Avocado
2 Eier
0,5 Zwiebel
2 EL Mayonnaise
1 TL Senf
1 Knoblauchzehe
1 Spritzer Balsamico
1 Spritzer Olivenöl
2-3 Stängel Petersilie

Zubereitung

Die Eier hart kochen, abschrecken und schälen. Dann das Fruchtfleisch aus der Avocado herauslösen und mit einer Gabel zerdrücken. Die Zwiebel hacken, unterheben und einen Spitzer Olivenöl und Balsamico hinzufügen. Nun noch den Knoblauch pressen und unterrühren. Jetzt das gekochte Ei in Stücke schneiden und mit der Mayonnaise zum Avocadomus geben. Dann nach Belieben grob gehackte Petersilie hinzufügen und als Aufstrich auf frischem, knusprigen Bauernbrot geniessen.

Brotaufstrich mit Walnuss und Feta

Zutaten für 3 Personen

1,5 Avocados
80g Feta
100g Creme fraiche
20g Walnüsse
2 Knoblauchzehen
Spritzer Zitronensaft
0,5 EL Olivenöl, Salz, Pfeffer

Zubereitung

Das Fruchtfleisch aus der Avocado höhlen und in einer Schale mit einem Spritzer Zitrone mittels Gabel zerdrücken. Nun den Feta mit 15g der Walnüsse und dem geschälten Knoblauch mit der Creme fraiche in einem Mixer pürieren. Anschließend den

Avocadomus und Olivenöl dabei geben und erneut mischen. Schließlich alles mit Pfeffer, Salz abschmecken. In einer Schale mit den restlichen Walnüssen als Topping dekorativ anrichten und servieren.

Gefüllte Avocado

! Die Mengenangabe der folgenden Rezepte ist als Hauptgericht gedacht. Sie reduziert sich, wenn diese als Vorspeise, Snack oder Beilage zum Grillen zubereitet werden !

Avocado mit Thunfischfüllung

Zutaten für 2 Personen

2 Avocados
2 Dosen Thunfisch
1 rote Paprika
1 Glas Jalapenos
1 Limette
1 Handvoll Petersilie
1 Handvoll Koriander
Salz
Pfeffer

Zubereitung

Die Avocado halbieren und den Stein entfernen. Dann das Fruchtfleisch aus der Mitte etwas aushöhlen, in eine Schale geben und zerdrücken.

Den Thunfisch aus der Dose abgiessen und mit einer Gabel etwas zerpflücken. Eine Limette auspressen. Die Paprika waschen, entkernen und fein würfeln. Die Jalapenos und die Petersilie hacken. Thunfisch, Paprika, Jalapenos, Petersilie und ein wenig Limettensaft zum Avocadomuß geben und verrühren. Abschliessend mit Salz und Pfeffer abschmecken. Die Avocado-Thunfisch Creme in die Avocado einfüllen und mit Petersilie garnieren.

Avocado mit Frisch käse und Lachsfüllung

Zutaten für 2 Personen

2 Avocados
100g geräucherter Lachs
1 Limette
100g körniger Frischkäse
10g Schnittlauch
Pfeffer
Salz

Zubereitung

Schnittlauch in Röllchen schneiden. Den Lachs in Stücke zerteilen. Dann die Limette waschen und die Schale abreiben, anschließend eine Hälfte auspressen. Nun den körnigen Frischkäse salzen, pfeffern und mit dem Lachs, den Schnittlauchröllchen, etwas Limettenabrieb und 1 TL Limettensaft vermischen. Nochmals mit

Pfeffer und Salz abschmecken und in die Avocadohälften füllen. Mit Schnittlauch dekorieren.

Avocado mit Garnelencocktail

Zutaten für 2 Personen

2 Avocados
250g Shrimps (bereits gegart)
2 Frühlingszwiebeln
130g Kirschtomaten
3 EL Mayonnaise
2 EL Ketchup
1 TL Sahne-Meerrettich
Spritzer Worcestershire-Sauce
Spritzer Zitronensaft
1 EL Sherry
Pfeffer, Salz, Cayennepfeffer

Zubereitung

Die Avocados halbieren, entkernen und das Fruchtfleisch entnehmen, aber nicht auskratzen, sondern einen dünnen Inhalt stehen lassen. Das entnommene Fruchtfleisch würfeln. Die Tomaten waschen und vierteln, sowie die Frühlingszwiebeln putzen und in feine Ringe schneiden. Dann die Mayonnaise in einer Schale mit Meerrettich, Ketchup, Sherry, Worcestershire-Sauce und Zitronensaft verrühren und anschließend mit Salz, Cayennepfeffer und Pfeffer abschmecken. Nun die Shrimps und die Avocadowürfel beimischen und erneut abschmecken. Abschließend in die Avocadohälften füllen und mit Frühlingszwiebeln garnieren.

Avocado mit Schafskäsefüllung

Zutaten für 2 Personen

2 Avocados
2 Tomaten
2 Minigurken
60g Schafskäse
0,5 rote Zwiebel
Zitronensaft
1 EL Basilikum
2 EL Olivenöl
1 EL Balsamico-Essig
Salz
Pfeffer

Zubereitung

Die Zwiebel schälen und in feine Würfel schneiden, dann die Tomaten und die Gurken waschen und würfeln. Zwiebel, Gurken und Tomaten vermischen und mit Essig und Öl, Salz und Pfeffer anmachen. Die Avocado halbieren und den Kern entfernen. Mit Zitronensaft beträufeln, pfeffern und salzen. Dann den Tomaten-Zwiebel-Gurken-Mix in die Avocado-Hälften verteilen. Abschließend den Feta-Käse darüber zerbröseln und mit Basilikum Blättern garnieren.

Gefüllte Avocado Mexican Style

Zutaten für 2 Personen

2 Avocados
100g Kidneybohnen
4 Scheiben Bacon
4 Eier
2 EL Ketchup
Spritzer Zitronensaft

Salz
Pfeffer
Paprikapulver
Curry

Zubereitung

Die Avocados halbieren und entkernen. Das Fruchtfleisch mit etwas Zitronensaft besprenkeln und mit Salz und Pfeffer würzen. Nun in einer Pfanne ohne Fett den Bacon knusprig anbraten. Dann herausnehmen und darin vier Spiegeleier braten. Die Kidneybohnen abspülen, in einer Schale mit dem Ketchup vermischen und mit etwas Paprikapulver und Curry abschmecken. Nun die Bohnen in die Avocadomulden füllen und mit dem Bacon belegen. Darauf dann die Spiegeleier verteilen und mit Pfeffer und Salz nachwürzen. Sofort servieren.

Gefüllte Avocado mit Quinoa & Granatapfel

Zutaten für 2 Personen

2 Avocados
50g Granatapfelkerne
100g Quinoa
30g Feta
1 TL gehackte Minze
1 TL Olivenöl
1 TL Zitronensaft
Salz
Pfeffer

Zubereitung

Den Quinoa nach Packungsangabe garen. Währenddessen die Granatapfelkerne aus dem Gehäuse lösen. Die Avocado halbieren, entkernen und das Fruchtfleisch leicht aushöhlen und würfeln. Nun den etwas abgekühlten Quinoa in einer Schüssel mit Avocadowürfeln, Feta, Granatapfelkernen, Minze, Zitronensaft und Olivenöl mischen. Mit Salz und Pfeffer abschmecken, evtl. etwas Honig hinzugeben und zurück in die Avocadohälften füllen.

Gebackene Avocado mit Kichererbsen

Zutaten für 2 Personen

2 Avocados
100g Kichererbsen (gekocht)
6 Cocktailtomaten
70g gelbe Paprika
0,5 Bund Petersilie
1 Knoblauchzehe
2 EL Tomatenmark
1 EL Olivenöl, Salz, Pfeffer

Zubereitung

Zunächst den Backofen auf 180 Grad vorheizen. Anschließend die Avocado halbieren, entkernen und etwas von dem Fruchtfleisch entfernen, damit eine tiefere Mulde entsteht. Die Tomaten waschen und vierteln, die Paprika in kleine Stücke schneiden, sowie die Knoblauchzehe schälen und fein würfeln. Die Petersilie hacken. Dann etwas Olivenöl in einer Pfanne erhitzen und den Knoblauch darin kurz anrösten. Nun die Paprika und die Tomaten beigeben und alles für 5 Minuten braten. Danach Tomatenmark und die Kichererbsen hinzufügen, ebenfalls kurz anschwitzen und die gehackte Petersilie unterrühren. Jetzt alles mit Pfeffer und Salz abschmecken. Als nächstes die vorbereiteten Avocadohälften mit dem Gemüse füllen und in eine kleine Backofenform stellen. Anschließend für 10 bis 15 Minuten backen. Mit Petersilie garnieren und sofort servieren.

Gebratene Avocado im Speckmantel

Zutaten für 2 Personen

2 Avocados
Limettensaft
240g Bacon
1 EL Olivenöl, Pfeffer, Salz

Zubereitung

Die Avocado halbieren, entsteinen und vorsichtig das Fruchtfleisch im Ganzen entnehmen, dann in Spalten schneiden und mit etwas Limettensaft beträufeln. Nun die Baconscheiben auf einen Teller legen und die einzelnen Avocadospalten darin einwickeln. Dann Olivenöl in der Pfanne erhitzen und Avocados im Speckwickel von allen Seiten goldbraun anbraten. Anschließend aus der Pfanne nehmen, mit Salz und Pfeffer würzen und sofort genießen.

Gebratene Avocado mit Ziegenkäsefüllung

Zutaten für 2 Personen

2 Personen
70g Ziegenfrischkäse (Taler)
2 EL Limettensaft
0,5 TL Feigensenf
1 TL Honig
4 EL Öl
0,5 Chilischote
280g zarte Blattsalatmischung
Salz, Pfeffer

Zubereitung

Die Avocado halbieren, entkernen und das Fruchtfleisch vorsichtig aus der Schale heben, mit einem Spritzer Limettensaft besprenkeln und mit Salz und Pfeffer würzen. Eine Chilischote waschen, halbieren, entkernen und klein hacken. Dann den Salat waschen und abtropfen lassen. Die Limette halbieren, auspressen und 2 EL von dem Saft mit der gehackten Chili, Senf und Honig vermischen. Anschließend 3 EL Öl unterrühren und salzen und pfeffern. Nun den Ziegenfrischkäse in die vorbereiteten Avocadohälften füllen. 1 EL Öl in einer Pfanne erhitzen und die Avocadohälften mit der Schnittfläche nach unten hineingeben und 2 Minuten braten, dann wenden. Nun den Salat auf Tellern dekorativ anrichten und Avocadohälften darauf platzieren. Mit dem Salatdressing beträufeln und noch warm servieren.

Gebackene Avocado
mit Ei

Zutaten für 2 Personen

2 Avocados
4 Eier
4 Scheiben Bacon
30g Parmesan
4 Stiele Petersilie
1 Prise Chiliflocken
2 EL Öl
Salz
Pfeffer

Zubereitung

Den Backofen zunächst auf 180 Grad vorheizen. Dann die Avocado halbieren, entkernen und das gesamte Fruchtfleisch vorsichtig aus der Schale lösen, so dass die natürli-
che Form erhalten bleibt. Nun die Hälften

in eine kleine eingeölte Form setzen, mit der Mulde nach oben. Den Parmesan reiben. Dann langsam jeweils ein Ei in jede Mulde geben und mit einer Scheibe Bacon abdecken. Abschließend mit Parmesan bestreuen und im vorgeheizten Ofen 15-20 Minuten backen. Währenddessen Petersilie waschen, trocknen und fein hacken. Danach die Avocado aus dem Ofen nehmen mit Salz, Pfeffer und Chiliflocken würzen und mit Petersilie garniert servieren.

Salate

Avocado Caprese mit Burrata und Pesto

Zutaten für 2 Personen

1 große Avocado
2 Tomaten
1 Burrata
2 EL grünes Pesto
1 EL Olivenöl, Salz, Pfeffer

Zubereitung

Die Tomaten waschen und in Scheiben schneiden. Dann den Burrata in Scheiben schneiden, die Avocado halbieren, entkernen und ebenfalls in Scheiben schneiden. Dann dachziegelartig im Kreis abwechselnd auf einem Teller anrichten. Mit Pesto und Olivenöl beträufeln und mit Salz und Pfeffer abschmecken.

Käsesalat mit Avocado

Zutaten für 4 Personen

400g Gouda-Käse
1 Zwiebel
1,5 Avocados
3 Stangen Staudensellerie
250ml Saure Sahne
1,5 EL Zitronensaft

Zubereitung

Den Käse in feine Stifte schneiden. Dann den Sellerie putzen und in schmale Ringe schneiden. Nun das Fruchtfleisch aus der Avocado lösen und eine Hälfte pürieren, die andere Hälfte in Scheiben schneiden. Den Avocadomus mit der sauren Sahne vermischen und mit Salz und Pfeffer abschmecken. Jetzt die Zwiebel schälen, fein hacken und zusammen mit Käse, Sellerie und den Avocadoscheiben unter die Masse heben.

Einfacher Avocado Feta Tomaten Salat

Zutaten für 2 Personen

2 Avocados
250g Cocktailtomaten
120g Feta
4 EL Olivenöl
2 EL heller Balsamico
1-2 TL Senf (mittelscharf)
1-2 TL Honig
Salz
Pfeffer

Zubereitung

Das Fruchtfleisch aus den Avocados lösen und würfeln. Die Tomate waschen und in grobe Stücke schneiden. In einer Schale Olivenöl, Balsamico, Senf, Honig mit Salz und Pfeffer zu einem sämigen Dressing verrühren.

Nun die Avocado und Tomatenwürfel auf einen Teller geben, den Feta Käse darüber bröseln und mit dem Dressing anrichten.

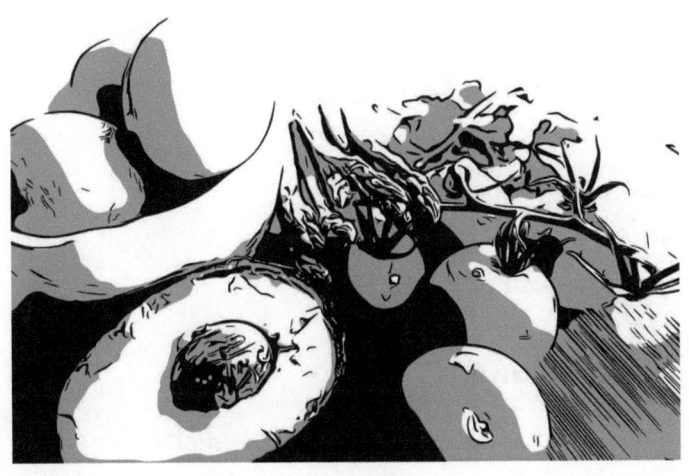

Lachs Tartar & Avocado Mango Salat

Zutaten für 2 Personen

1 reife Avocado
0,5 reife Mango
0,5 Bio-Limette
0,25 rote Chili
1 Zwiebel
0,5 EL Honig
3 EL Olivenöl
30ml frisch gepresster Orangensaft
100g Kräuter-Lachs
2 Scheiben Toastbrot
einige Zweige Koriander
Salz, schwarzer Pfeffer

Zubereitung

Die Mango schälen und in 2 cm dicke Scheiben schneiden. Eine Grillpfanne erhitzen und die

Mango beidseitig grillen, bis ein Muster zu sehen ist. Nun die Chili aufschneiden, die Kerne entfernen und in feine Ringe schneiden. Jetzt den Orangensaft in eine Schale füllen, die Chili, das Öl, Salz und Pfeffer hinzufügen und zu einer Salatsoße verrühren. Dann von der Bio-Limette Zesten abziehen und den Saft auspressen. Als nächstes das Fruchtfleisch aus der Avocado lösen und in 3cm große Würfel schneiden. Sofort mit Limettensaft besprenkeln.

Den Kräuterlachs in kleine Würfel schneiden und mit den Zwiebeln und dem restlichen Limettensaft vermischen. Das restliche Öl ebenfalls hinzufügen und mit Pfeffer abschmecken. Danach die Toastscheiben in einem Toaster goldbraun rösten. Den Koriander grob hacken. Zum Schluss die Avocadowürfel, die Mangoscheiben, den Koriander mit der Salatsosse anmachen und erneut mit Pfeffer und Salz abschmecken. Den Toast diagonal halbieren, mit dem Lachstartar belegen. Anschließend auf einem Teller mit dem Mango-Avocado Salat dekorativ anrichten.

Avocado Rucola Salat mit Pinienkernen

Zutaten für 2 Personen

2 reife Avocados
1 grosse Tomate
0,5 Salatgurke
1 Handvoll Rucola
2 EL Pinienkerne

1 EL Balsamico
3 EL Olivenöl
1 TL Zitronensaft
1 TL Senf
1 TL Honig
Salz
Pfeffer

Zubereitung

Die Salatgurke vierteln und in dünne Scheiben schneiden. Die Tomate waschen und in kleine Würfel schneiden. Dann in einer Pfanne ohne Öl die Pinienkerne anrösten. In einer Schale das Olivenöl mit dem Balsamico, Zitronensaft, Senf, Honig vermischen und die Salatsoße mit Salz und Pfeffer abschmecken. Nun noch das Fruchtfleisch aus den Avocados ablösen und würfeln. In einer Schüssel Rucola, Tomate, Gurke und Avocado vermischen und die Vinaigrette darüber verteilen. Abschließend erneut mit Salz und Pfeffer abschmecken und mit den Pinienkernen bestreut auf einem Teller anrichten.

Spinat Kichererbsen Avocado Salat

Zutaten für 2 Personen

1 große Avocado
150g Kichererbsen
70g frischer Blattspinat
0,5 Bio-Zitrone
4 EL Olivenöl
0,5-1 TL Honig
Pfeffer
Salz

Zubereitung

Die Avocado aus der Schale lösen und das Fruchtfleisch würfeln. Den Spinat waschen, trocknen und grob hacken. Die Kichererbsen ebenfalls in einem Sieb waschen und abtropfen lassen. Die Bio-Zitrone waschen und Zesten von der Schale abziehen, anschlie-

Bend halbieren und den Saft auspressen.
Nun das Olivenöl mit dem Honig und einigen Zitronenzesten mischen. Dann mit Salz, Pfeffer und Zitronensaft abschmecken. Jetzt Spinat, Kichererbsen und Avocado auf einen Teller geben, das Dressing darüber giessen und servieren.

Wassermelonen Avocado Salat

Zutaten für 2 Personen

2 Avocados
500g Wassermelonen
0,5 rote Zwiebel
50g Radieschen
1 Limette
100g Feta
10g Minze

Zubereitung

Die Wassermelone in mundgerechte Stücke zerkleinern. Dann das Fruchtfleisch aus der Avocado herauslösen, ebenfalls würfeln. Als nächstes die Radieschen waschen und in dünne Scheiben schneiden. Anschließend die Zwiebeln schälen und auch in feine Ringe schneiden. Nun den Feta in 1cm große Würfel zerteilen und die Minze waschen, trocknen und klein hacken. Dann die Limette halbieren und den Saft auspressen. Nun alles in einer Schüssel vermischen, den Limettensaft darüber träufeln und auf einem Teller hübsch anrichten.

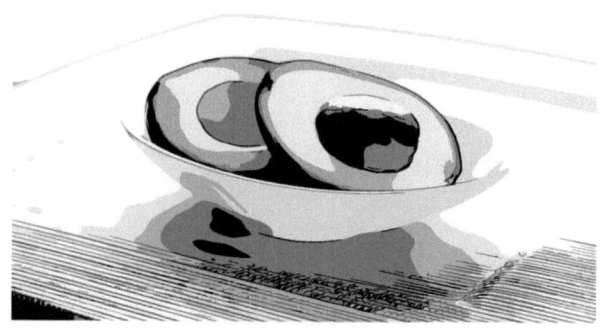

Avocado Orangen Fenchel Salat

Zutaten für 2 Personen

1 große Avocado
2 Bio-Orangen
2 mittelgroße Fenchel
25ml Olivenöl
20ml heller Balsamicoessig
2-3cm langes Stück Ingwer
1 TL Kräuter der Provoce
Salz

Zubereitung

Den Fenchel waschen und in feine Streifen hobeln. Die Bio-Orange waschen und ein viertel von der Schale abreiben. Dann die Orange zerteilen aus der Schale lösen und in mundgerechte Stücke schneiden. Die Avocado aus der Schale lösen und ein Viertel beiseite legen, drei Viertel in Stücke schneiden. Nun den Ingwer reiben. Alles zusammen in einer Schüssel vermischen. Die zweite Orange halbieren und den Saft einer Hälfte auspressen. Jetzt Öl, Essig, Orangensaft, das Viertel zerdrückte Avocado, sowie Salz und Kräuter der Provence in einer Schüssel verrühren. Dieses Dressing nun über die übrigen Zutaten geben und erneut vermischen.

Poke Bowl mit Avocado

Zutaten für 2 Personen

1 Avocado
4 Scheiben Räucherlachs
2 Eier
100g Spinat

80g Cocktailtomaten
1/4 Gurke
1 Zweig Thymian
1 EL Balsamicoessig
1 EL Öl
0,5 EL heller und dunkler Sesam
Salz
Pfeffer

Zubereitung

Zunächst die Eier hart kochen. Währenddessen die Avocado halbieren, den Stein entfernen und das Fruchtfleisch vorsichtig aus der Schale lösen und in Scheiben schneiden. Die Gurke längs halbieren, die Kerne mittels eines Löffels herausschaben und erneut längs vierteln. Dann in kleine Würfel schneiden. Die Tomaten halbieren und den Thymian abzupfen. Nun beides mit Olivenöl für einige Minuten anbraten und mit Balsamico ablöschen. Jetzt den gewaschenen Spinat auf Schüsseln verteilen, dann die Tomaten-Balsamico-Sosse darüber giessen.

Die Gurkenwürfel, die Avocadoscheiben, den Räucherlachs und das abgekühlte, in Scheiben geschnittene Ei darauf drapieren. Mit Salz und Pfeffer würzen und mit Sesam dekorativ bestreut servieren.

Kartoffelsalat mit Zucchini und Avocado

Zutaten für 2 Personen

1 große Avocado
300g Kartoffel-Drillinge
500g Zucchini
1 EL süßer Senf
0,5 Zitrone
2 EL Kresse
1 EL Olivenöl, Salz, Pfeffer

Zubereitung

Die Kartoffeln waschen und in 2cm große Stücke schneiden. Dann in kochendem Salzwasser 10 Minuten garen. Währenddessen die Zucchini waschen und in 1,5cm dicke Scheiben schneiden, danach in einer Schüssel mit 1 EL Olivenöl, Pfeffer und Salz würzen. Nun die Zucchinischeiben in der vorgewärmten Grillpfanne bei mittlerer Hitze von jeder Seite 3 Minuten grillen. Derweil die halbierte Zitrone auspressen und in einer Schale den Saft mit Senf und 1 EL Olivenöl vermischen sowie mit Salz und Pfeffer würzen. Jetzt das Fruchtfleisch aus der Avocado lösen und stückeln. Alle Zutaten in eine Schüssel geben und das Dressing darüber geben. Mit Kresse garnieren und servieren.

Nudel Salat mit Mais und Bacon

Zutaten für 2 Personen

1 Avocado
150g Fusilli oder Farfalle Nudeln
0,5 Kopfsalat
70g Bacon
120g Mais
120g Cherrytomaten
1 Zitrone
1 kleine rote Zwiebel
50g Creme Fraiche
2 TL Dijon Senf
15g Petersilie
15g Schnittlauch
Pfeffer
Salz

Zubereitung

Zunächst die Nudeln nach Packungsangabe kochen. Währenddessen den Salat waschen, putzen und trocknen, dann in feine Streifen schneiden. Den Bacon in einer Pfanne ohne Öl knusprig anbraten. Nun die Cherrytomaten waschen und halbieren. Dann die Zwiebel schälen und fein würfeln, sowie die Kräuter waschen und fein hacken. Jetzt die Avocado öffnen, das Fruchtfleisch entnehmen und würfeln. Die Zitrone halbieren und auspressen. In einer Schale Creme fraiche mit dem Senf und ein wenig von dem Zitronensaft zu einem Dressing vermischen. Mit Salz, Pfeffer und evtl. mehr Zitronensaft abschmecken. Als nächstes die abgekühlten Nudeln in eine Schüssel geben und das Gemüse, sowie die Kräuter hinzufügen. Dann den Mais abtropfen lassen und dazu geben. Mit dem Dressing vermischen und bei Bedarf nachwürzen. Den Salat auf Teller verteilen, den angebratenen Bacon als Topping darauf legen und servieren.

Quinoa Salat mit Avocado

Zutaten für 3 Personen

1 große Avocado
180g Quinoa
0,5 Dose Kichererbsen
15 Kirschtomaten
0,5 Salatgurke
1 gelbe Paprikaschote
1 Bund Petersilie
3 EL Olivenöl
1 Zitrone
Kreuzkümmel
Pfeffer, Salz

Zubereitung

Den Quinoa nach Packungsangabe zubereiten und auskühlen lassen. Währenddessen die Paprika in mundgerechte Stücke schneiden,

die Avocado aus der Schale lösen und ebenfalls in Stücke schneiden. Die Salatgurke
halbieren, die Kerne mittels einem Löffel
heraus schaben und in Würfel schneiden.
Die Tomaten vierteln, die Kichererbsen ab-
waschen und abtropfen lassen. Jetzt alles
Gemüse in eine Schüssel geben und vermischen. Die Zitrone waschen und Zitronenzesten abziehen, dann halbieren und den
Saft einer Hälfte auspressen. Nun 2 EL Zitronensaft in eine Schale geben und mit
dem Olivenöl, Kreuzkümmel, Pfeffer und
Salz sowie einigen Zitronenzesten die Salatsosse abschmecken. Dann unter den Quinoa
mischen und evtl. erneut mit Salz, Pfeffer
und Zitronensaft nachwürzen.

Mexikanischer Taco Avocado Salat

Zutaten für 2 Personen

1 Avocado
30g Tortilla Chips
1 rote Paprika
70g Kidneybohnen
50g Cockomaten
1/4 Kopf Eisbergsalat
0,5 Zwiebel
2 EL Mais
1 gelbe Peperoni
3 EL Joghurt
0,5 EL Limettensaft
Salz, Pfeffer

Zubereitung

Die Zwiebel schälen und würfeln. Die Peperoni halbieren, entkernen und fein würfeln.

Die Tomaten halbieren. Die Kidneybohnen abspülen, sowie den Mais abtropfen lassen. Den Salat waschen, putzen, trocken schleudern und in Streifen schneiden.

Nun die Avocado halbieren, entkernen, das Fruchtfleisch entnehmen und mit einer Gabel zerdrücken. Den Joghurt mit dem Avocadomus vermischen und mit Salz, Pfeffer und dem Limettensaft abschmecken. Als nächstes die Tortilla-Chips mit den Händen grob zerbröseln. Kidneybohnen, Mais, Tomaten, Peperoni und Zwiebeln in einer Schüssel mit dem Avocadodressing vermischen. Dann den Salat unterheben und mit den Tortilla-Chips bestreut servieren.

Suppen

Kalte Gurken Suppe mit Avocado

Zutaten für 3 Personen

1 Avocado
1 Salatgurke
0,5 Zitrone
80g griechischer Joghurt
200ml Gemüsebrühe
1 EL Olivenöl
Spritzer Worcestershiresauce
Salz
Pfeffer

Zubereitung

Die Gurke Schälen und längs vierteln. Mit einem Löffel die Kerne herausschaben. Einen Teil in kleine Würfel schneiden und beiseite stellen, die restliche Gurke in Scheiben schneiden.

Die Gurkenscheiben in eine Schüssel geben, einen Spritzer Zitronensaft und die abgekühlte Gemüsebrühe hinzufügen. Die Masse pürieren. Nun die Avocado halbieren, entkernen, das Fruchtfleisch entnehmen und einen Spritzer Zitrone dazu geben. Eine Hälfte des Fruchtfleischs würfeln und zu den Gurkenwürfeln geben, die andere Hälfte der pürierten Gurkenmasse hinzufügen. Jetzt den Joghurt dem Gurken-Avocado-Püree beimischen, eine Spritzer Worcestershiresauce dazu geben und alles erneut pürieren. Mit Salz, Pfeffer und Zitronensaft abschmecken. Kühlen, danach in Suppenschalen mit den Gemüsewürfeln toppen und mit schwarzem Pfeffer betreut, servieren.

Avocado Erbsen Suppe

Zutaten für 2 Personen

1 reife Avocado
200g Erbsen TK
100g Brokkoli TK
200ml Kokosmilch
200ml Gemüsebrühe
0,5 Zwiebel
1 Zehe Knoblauch
10g Ingwer
Spritzer Zitrone
2 TL Kokosöl
5g Minze
1 TL Apfelessig
15g geröstete Sesamkörner
Salz
Pfeffer

Zubereitung

Die Zwiebel und den Knoblauch schälen und fein würfeln. Dann den Ingwer ebenfalls schälen und fein hacken. Nun das Kokosöl in einem Topf zum Schmelzen bringen und Zwiebeln, Knoblauch sowie Ingwer darin drei Minuten anrösten. Den TK-Brokkoli in kleinere Röschen zerteilen und mit den TK-Erbsen zu den Zwiebeln in den Topf geben. Anschließend die Gemüsebrühe hinzufügen, umrühren und 15 Minuten köcheln lassen. Nun die Avocado von Kern und Schale befreien und das Fruchtfleisch würfeln.
Als nächstes die Kokosmilch und die Avocadowürfel zur Suppe geben und mit einem Stabmixer fein pürieren.
Jetzt mit Zitronensaft, Apfelessig, Salz und Pfeffer abschmecken. Abschließend die Suppe in Schalen füllen und mit den gerösteten Sesamkörnern sowie den Minzblättchen garnieren.

Avocado Lauch Suppe

Zutaten für 2 Personen

1 Avocado
3 Lauchzwiebeln
350ml Gemüsebrühe
30g Butter
20g Mehl
1 Knoblauchzehe
2 TL Zitronensaft
0,5 TL Abrieb einer Zitronenschale
1 EL gehackte Minze
100ml Sahne
80ml Milch
2 Stängel frische Minze
Zucker
Pfeffer
Salz

Zubereitung

Die Lauchzwiebeln putzen, die weissen Zwiebeln abtrennen und würfeln, das Grüne in Ringe schneiden. Den Knoblauch schälen, hacken. Dann die Zwiebeln mit dem Knoblauch in einem Topf mit der zerlassenen Butter anschwitzen. Anschließend das Mehl darüber streuen und verrühren. Nun nach und nach die Gemüsebrühe dazu geben und aufkochen lassen. Rühren damit keine Klümpchen entstehen. Jetzt die Avocados halbieren, entsteinen, das Fruchtfleisch entfernen und würfeln. Als nächstes die Zitrone waschen und von einer Hälfte die Schale abreiben, dann auspressen. Nun die Avocadowürfel mit dem Zitronensaft und etwas von dem Abrieb zur Suppe geben. Das Grüne vom Lauch und etwas Zucker hinzufügen und mit Pfeffer und Salz abschmecken, 10 Minuten köcheln lassen. Danach Milch und Sahne hinein giessen und mit einem Pürierstab mixen. Erneut mit Salz, Pfeffer und Zitronensaft abschmecken. Dann die gehackte Minze einstreuen. Mit ganzen Minzblättern garniert servieren.

Avocado Manchego Käse Suppe

Zutaten

1 Avocado
1 Zwiebel
1 Möhre
100g Manchegokäse
4 Scheiben Toastbrot
750ml Gemüsebrühe
2 EL Butter
1 EL Senf
0,5 Paprikapulver
2 EL Petersilie
2 EL Basilikum
Pfeffer
Salz

Zubereitung

Den Backofen auf 180 Grad vorheizen. Zwiebel und Möhre schälen und in kleine Stücke schneiden. Nun die Kräuter hacken. Butter in einer Pfanne zum Schmelzen bringen und das gewürfelte Gemüse darin andünsten. Währenddessen die Avocado halbieren, entsteinen und das Fruchtfleisch in einem Schälchen mittels einer Gabel zerdrücken. Danach den Senf, Paprika und die gehackten Kräuter untermischen. Danach das Avocadopüree zu dem Möhren-Zwiebel-Gemüse geben und mit einem Stabmixer pürieren. Die Gemüsebrühe hinzufügen und erneut pürieren. Die Suppe in feuerfeste Schalen füllen. Die Toastbrotscheiben grob würfeln, auf die Suppe streuen und mit geriebenem Manchegokäse bestreuen. Nun die Suppenschalen in den vorgeheizten Ofen stellen und überbacken, bis der Käse zerlaufen ist. Sofort geniessen!

Avocado Kokos Suppe

Zutaten für 2 Personen

2 reife Avocado
400ml Kokosmilch
250ml Gemüsebrühe
Saft von 1 Limette
1 TL Koriander (gehackt)
Salz
Pfeffer

Zubereitung

Die Avocado halbieren, entsteinen und das Fruchtfleisch entnehmen. Alle Zutaten in einen Mixbecher geben und pürieren. Mit Pfeffer und Salz abschmecken und je nach Belieben heiß oder eisgekühlt verzehren.

Avocado

Allerlei

Pasta mit Avocado Pesto

Zutaten für 2 Personen

1 Avocado
250g Pasta (Penne, Fusilli, Tortiglioni etc.)
1 Knoblauchzehe
10 Cocktailtomaten
0,5 Bio-Limette
100ml Olivenöl
30g Parmesan
2 EL Haselnüsse
2 Stiele Basilikum
1 Prise Zucker
Salz
Pfeffer

Zubereitung

Die Nudeln nach Packungsangabe zubereiten.
Währenddessen die Tomaten halbieren und

die Basilikumblätter abzupfen. Die Avocado halbieren, entkernen, das Fruchtfleisch entnehmen und in mundgerechte Stücke schneiden. Die Hälfte der Avocadowürfel in einen Mixbecher geben und die geschälte, klein geschnittene Knoblauchzehe hinzufügen. Nun noch das Olivenöl, die Haselnüsse, 20g Parmesan und die Hälfte des Basilikums dazugeben. Die Limette halbieren und den Saft einer Hälfte in die Mischung pressen. Nun mit einem Stabmixer fein pürieren und mit Salz, Pfeffer und Limettensaft abschmecken. Die fertigen Nudeln mit dem selbst hergestellten Avocadopesto mischen. Mit den restlichen Avocadowürfeln und Basilikum sowie den Cocktailtomaten und dem übrigen Parmesan bestreuet servieren.

Avocado Cashew Salbei Pesto

Zutaten für 2 Personen

1 Avocado
40g getrockneter Salbei
50g Cashewkerne
1 Knoblauchzehe
50ml Olivenöl
30g geriebener Parmesan
25g Pinienkerne
Salz
Pfeffer

Zubereitung

Die Cashewkerne und Pinienkerne in einer Pfanne leicht anrösten. Dann die Knoblauchzehe schälen, zerkleinern und in etwas Olivenöl andünsten. Nun alle Zutaten in einem hohen Gefäß mit dem Pürierstab mixen bis ein cremiges Pesto entsteht. Bei Bedarf mehr Olivenöl hinzufügen. Perfektes Pesto an Grillabenden oder zu Nudelgerichten.

Kartoffelpuffer mit Räucherlachs

Zutaten für 2 Personen

1 Avocado
200g Räucherlachs
4 Ofenkartoffeln
1 rote Zwiebel
1 Zwiebel
100g Creme fraiche
20g körniger Senf
MS Muskat
15g Schnittlauch
20g Kresse
2-3 EL Mehl

6g Speisestärke
8 EL Sonnenblumenöl
50ml Weisswein-Essig
1 EL Zucker
Salz

Zubereitung

Zunächst die Kartoffeln schälen und grob reiben. Die weiße Zwiebel schälen und ebenfalls reiben. Eine Schüssel mit kaltem Wasser füllen, die Zwiebeln und Kartoffeln darin ca. 15 Minuten einweichen. Währenddessen die rote Zwiebel schälen, halbieren und in feine Streifen schneiden. Dann die Zwiebelstreifen mit 1 EL Zucker, 50ml Essig und 50ml Wasser sowie einer Prise Salz aufkochen und zum Abkühlen wegstellen. Als nächstes die Avocado halbieren, und in Streifen sowie den Schnittlauch in Ringe schneiden. Nun das Wasser in dem die Kartoffeln mit den Zwiebeln liegen abgiessen und die Masse in ein reines Geschirrtuch legen. Feste auswringen und zurück in die Schüssel legen. Als nächstes eine Prise Muskat und das Mehl hinzufügen und mit Pfeffer uns Salz abschmecken. Eine grosse Pfanne mit 5 EL Öl erhitzen, den Teig für die Kartoffelpuffer mit einem Esslöffel portionieren und in die Pfanne geben. Die Temperatur etwas herunterdrehen und beidseitig 3 Minuten goldbraun rösten. Anschließend auf ein Küchenpapier legen und abfetten lassen. In einer Schale Creme fraiche, Senf, 8g Kresse und Schnittlauch vermischen und dann mit Salz und Pfeffer abschmecken. Einen Kartoffelpuffer auf einen Teller legen, die Kräutercreme darauf streichen und mit den eingelegten roten Zwiebeln toppen. Danach die Avocadostreifen darüber geben und zum Schluss den Räucherlachs. Diesen Vorgang mit den übrigen Kartoffelpuffern wiederholen. Mit der restlichen Kresse garnieren.

Avocado Hummus Wrap

Zutaten für 2 Personen

2 Libanesische Fladenbrote
1 Avocado
1 Salatherz
1 Zitrone
0,5 TL Harissa
150g Hummus
60g Joghurt
50g Frischkäse
2 Karotten
1 EL Butter
1 EL Öl
1 TL Honig
Salz
Pfeffer

Zubereitung

Zunächst einen Topf mit Salzwasser erhitzen und darin ca. 5 Minuten die geschälten und in Streifen geschnittenen Karotten kochen. Dann die gegarten Karotten abgiessen und zur Seite stellen. In einer Schale nun Joghurt und Frischkäse mit einem Spritzer Zitrone sowie Salz und Pfeffer kräftig abschmecken. Als nächstes die Avocado halbieren, entkernen und vorsichtig in dünne Streifen schneiden. Das Salatherz waschen und ebenfalls in Streifen schneiden. Nun die vorgegarten Karotten mit 1 EL Butter in eine Pfanne geben und mit dem Honig glasieren, sowie etwas Harissa hinzufügen. Jetzt die Fladenbrote ohne Öl in einer Pfanne erhitzen. Den Hummus auf die Fladen streichen und mit den Avocadoscheiben belegen. Anschließend die Salatstreifen, die Karotten hinzufügen und die Joghurtsosse hinzufügen. Die untere Seite des Fladens nach innen und eine Seite des Fladenbrotes ebenfalls nach innen klappen und fest zusammenrollen.

Avocado-Mayonnaise (ohne Ei)

Zutaten für 500g Mayonnaise

200ml Sonnenblumenöl
1 Avocado
100ml Milch
1 Limette
1 Knoblauchzehe
0,5 TL Senf
5 EL Petersilie
0,5 TL Salz
Pfeffer

Zubereitung

Wichtig: Öl und Milch müssen die gleiche Temperatur haben!

Wasche die Limette, reibe die Schale ab, halbiere sie und presse den Saft aus. Gib dann das

Öl zusammen mit der Milch in einen hohen Behälter, füge den Senf hinzu und 1 EL Limettensaft. Dann püriere alles auf höchster Stufe für 1 Minute, indem du den Pürierstab auf und ab bewegst. So entsteht eine helle mayonnaiseartige Creme. Als nächstes die Knoblauchzehe schälen und fein hacken, sowie die Petersilie grob hacken. Nun die Avocado halbieren, entkernen und das Fruchtfleisch entnehmen. Jetzt die Petersilie, den Knoblauch, den Limettenabrieb, Salz und Pfeffer zu der Creme geben, erneut pürieren. Dann die Avocado dazugeben und wieder mixen. Zum Schluß die Limetten-Avocado-Mayonnaise mit Salz, Pfeffer und Limettensaft abschmecken und in die Kühlung stellen.

->Passt hervorragend zu gekochten Artischocken, Pommes, Süßkartoffelpommes, Falafeln oder als Sauce für Sandwiches, Burger etc. Auch als Grill-Dip oder Dressing für Nudel oder Kartoffelsalat ist diese Mayonnaise hervorragend geeignet.

Avocado-Brötchen

Zubereitungszeit insgesamt: 2,5 Stunden

Zutaten für 8 Personen

100g Avocado-Fruchtfleisch
125g lauwarme Milch
3g Trockenhefe
25g Zucker
250g Haferflocken
25ml Olivenöl
0,5 Salz

Zubereitung

Die Avocado halbieren, entkernen, das Fruchtfleisch entnehmen und in einen Mixbehälter geben. Dann Zucker, Milch, Salz, Hefe und Öl hinzufügen und mit dem Pürierstab pürieren. Die Haferflocken in eine Schüssel geben, eine Mulde mittig formen und die Avocadomischung langsam, nach und nach mit den Haferflocken verrühren. Dann den Teig weiter mit der Hand 5-10 Minuten kneten und danach zu einer Kugel formen. Diese zurück in die Schüssel geben und abgedeckt für 1 Stunde gehen lassen.

Das Backblech mit Backpapier belegen. Nun die Arbeitsfläche bemehlen und den Teig auf diese stürzen. Jetzt den Teig in 8 gleich grosse Portionen aufteilen und zu runden Brötchen formen, evtl. mit etwas Mehl bestäuben. Dann die Brötchen auf das Backblech legen, abdecken und eine weitere Stunde gehen lassen. Den Backofen auf 180 Grad vorheizen und die Brötchen ca. 15 Minuten goldbraun backen. Anschließend auf dem Rost abkühlen lassen.

Avocado-Wedges

Zutaten für 2 Personen

2 Avocados
100g Mehl
1-2 Eier
100g Semmelbrösel zum Panieren
Zitronensaft
Salz
Pfeffer

Zubereitung

Den Backofen auf 180 Grad Umluft vorheizen. Die Avocados halbieren, den Kern entnehmen und das Fruchtfleisch in Scheiben schneiden und mit etwas Zitronensaft beträufeln. In einer Schale das Ei mit Salz und Pfeffer schaumig schlagen. In der zweiten Schale das Mehl und in einer weiteren Schale die Panierbrösel bereit stellen. Nun die Avocadoscheiben panieren, indem

sie zuerst in Mehl, dann in Ei und schließlich in den Semmelbröseln gewendet werden.
Jetzt die Avocado-Wedges auf ein mit
Backpapier belegtes Backblech legen und
15-20 Minuten backen bis sie goldbraun
und knusprig sind.

Dessert

Schoko Avocado Dessert

Zutaten für 2 Personen

1 Avocado
1 Orange
1 Vanilleschote
2 EL Kakaopulver (entölt)
1 EL Brauner Zucker
1 EL Mandelblättchen
Salz

Zubereitung

Eine Orange filetieren, dabei den Saft auffangen. Dann die Avocado halbieren, entkernen, das Fruchtfleisch entnehmen und würfeln. Die Vanilleschote längs aufschneiden und das Mark herauskratzen. Die Avocadostücke mit Kakao, Vanillemark Zucker und dem Orangensaft in ein hohes Gefäß füllen, dann eine Prise Salz hinzufügen und pürieren. Anschließend die Avocado-Schoko-Creme in Dessertschalen füllen und mit den Orangenfilets dekorativ anrichten. Nun 2 Stunden in die Kühlung geben. Vor dem Verzehr die Mandelblättchen in einer Pfanne ohne Öl leicht anrösten, abkühlen lassen und über die Avocadocreme streuen.

Himbeer Avocado Dessert

Zutaten für 4 Personen

3 Avocados
1 Bio-Orange
120g Magerquark
80g Erythrit
250g Himbeeren, TK
30g Pistazienkerne

Zubereitung

Die gefrorenen Himbeeren mit 30g Erythrit in einen Topf geben und erwärmen. Die Himbeeren dürfen leicht zerfallen. Die Orange waschen und die Schale abreiben, den Saft auspressen. Nun 1 TL der Orangenschale zu der Himbeersosse geben und abkühlen lassen. Die Avocado halbieren, entkernen und das Fruchtfleisch heraus lösen. Dann den Quark, das restliche Erythrit mit dem Orangensaft in eine Schüssel geben und mittels Stabmixer pürieren. Danach die Avocadocreme in die Dessertschalen verteilen und mit der Himbeersosse übergiessen. Die grob gehackten Pistazien darüber geben und servieren.

zuckerfrei!

Avocado Pudding

Zutaten für 2 Personen

1 Avocado
150ml Milch
2 EL Ahornsirup
2 EL Zitronensaft
1 EL Nüsse, gehackt

Zubereitung

Die Avocado halbieren, entkernen und das Fruchtfleisch auslösen. Dann zusammen mit der Milch in einen hohen Behälter geben und mit einem Pürierstab mixen. Als nächstes Zitronensaft, Ahornsirup beimischen und gut verrühren. Den Avocadopudding in Dessertschalen füllen und mit den gehackten Nüssen dekorieren. Sofort servieren.

Avocado Bananen Dessert

Zutaten für 2 Personen

1 Avocado
1 Banane
0,5 Bio-Limette
50g Quark
50ml Kokosmilch
1 EL Vanillezucker
1 EL Puderzucker
2 Stängel Minze

Zubereitung

Die Banane schälen und in Stücke schneiden, dann die Avocado halbieren, entkernen und das Fruchtfleisch entnehmen. Nun die Limette waschen, die Schale abreiben und den Saft auspressen. Avocado, Banane und den Limettensaft in ein hohes Gefäß geben.

Dann Kokosmilch, Quark, Puderzucker und Vanillezucker hinzufügen und mit einem Pürierstab mixen. Anschließend in Dessert-schalen füllen und mit dem Limettenabrieb und den Minzblättchen dekoriert servieren.

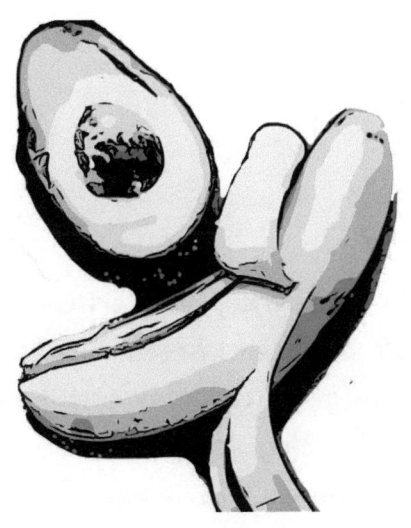

Avocado Creme mit Früchten

Zutaten für 2 Personen

1 Avocado
150g Creme fraiche
2 EL Honig
2 EL Limettensaft
Obst nach Belieben z.B. Erdbeeren, Mango, Waldbeeren
2-3 TL Puderzucker
50g Haselnüsse
1 Prise Salz

Zubereitung

Die Avocado halbieren, entkernen und das Fruchtfleisch auslösen. In ein hohes Gefäß füllen und mit einem Pürierstab mixen. Dann Creme fraiche, Honig und den Limettensaft unterrühren. In einer Pfanne die grob gehackten Haselnüsse ohne Fett bei mittlerer Hitze anrösten, Puderzucker darüber streuen und karamellisieren lassen. Abschließend noch eine Prise Salz darüber geben und auskühlen lassen. Nun die Avocado Creme auf Dessertschalen verteilen und das frische, klein geschnittene Obst darauf verteilen. Mit den karamellisierten Haselnüssen toppen und gekühlt servieren.

Kuchen

Avocado Torte ohne backen!

Die Füllung:

500g Avocados
2 Zitronen
100ml Kokosöl
130ml Agavendicksaft

Der Boden

200g gehackte Mandeln
150g getrocknete Soft-Datteln
50g Kokosraspeln
50g Backkakao
45g Kokosöl

Zubereitung

Eine Springform (Ø 20cm) mit Backpapier auskleiden. Um den Tortenboden herzustellen, als Erstes die Mandeln mit den Datteln,

Kokosraspeln, Kakao und Kokosöl in einen Mixer gegeben und einige Minuten zerkleinern, bis eine feine Masse entstanden ist. Den etwas klebrigen Teig in die Springform füllen und gleichmäßig auf dem Boden festdrücken. Anschließend in die Kühlung geben. Nun die Avocados halbieren, entsteinen, das Fruchtfleisch entnehmen, in grobe Stücke schneiden. Nun die Zitronen halbieren und den Saft auspressen. Danach die Avocadostücke zusammen mit dem Zitronensaft, 100g Kokosöl und Agavendicksaft pürieren bis eine cremige Masse entsteht. Diese Creme nun auf den kühlen Tortenboden gleichmäßig auftragen und für 1,5 Stunden in den Kühlschrank stellen. Dann in Stücke schneiden und vor dem Verzehr 15 Minuten bei Raumtemperatur draussen stehen lassen, anschließend servieren.

Mehr „Kuchen ohne Backen" in Capt Swings Geheime Bibliothek

Avocado Kuchen mit Limettenglasur

Zubereitungszeit: 20 Minuten
Backzeit: ca. 60 Minuten

Zutaten

Für den Kuchen:
1 große Avocado
230g weiche Butter
200g Zucker
350g Mehl
4 Eier
1 Pckg. Backpulver
1 Pckg. Vanillezucker
50g gemahlene Haselnüsse
1 Prise Salz
Limettenabrieb
3-4 EL Limettensaft

Für den Limettenguss:

200g Puderzucker
4-5 EL Limettensaft

Zubereitung

Zunächst den Backofen auf 180 Grad Ober/Unterhitze vorheizen. Die Limetten waschen und die Schale einer Limette abreiben. Dann die Limetten halbieren und den Saft auspressen. Die Avocado halbieren, entsteinen und das Fruchtfleisch entnehmen. Einen Spritzer Limettensaft hinzufügen und mit einem Pürierstab zerkleinern. Dann eine Kastenform mit etwas Butter einfetten. Die restliche Butter nun mit dem Zucker, Vanillezucker und einer Prise Salz verrühren. Danach die Eier und den Avocadomuss zur Butter geben und einrühren. In einer anderen Schüssel Mehl, Nüsse und Backpulver vermengen. Jetzt abwechselnd das Mehr und den Limettensaft zur Avocado-Eier-Butter geben und einrühren bis eine cremige Masse entstanden ist. Nun den Teig

in die Kastenform einfüllen und im vorgeheizten Backofen ca. 60 Minuten backen.
Anschließend den Kuchen etwas abkühlen
lassen und dann aus der Form lösen.

Schlußendlich dem Puderzucker vorsichtig
etwas Limettensaft hinzufügen und zu einem dickflüssigen Guss verrühren. Diesen
über den abgekühlten Kuchen gleichmäßig
verteilen und in die Kühlung geben.

Schokokuchen mit Avocado

Zubereitungszeit: 20 Minuten
Backzeit: ca. 60 Minuten

Zutaten

Für den Kuchen:

2 Avocado
220g weiche Butter
300g Mehl
4 Eier
30g Milch
200g Zucker
1 Prise Salz
1 Pckg. Backpulver
30g reines Kakaopulver

Für den Guss:

50g Avocadomuss
100g Puderzucker
ca. 1-2 EL Zitronensaft

Zubereitung

Zunächst den Backofen auf 180 Grad Ober/Unterhitze vorheizen. Die Zitrone waschen, halbieren und den Saft auspressen. Die Avocados halbieren, entsteinen und das Fruchtfleisch entnehmen, mit einem Pürierstab zerkleinern. Dann eine Kastenform mit etwas Butter einfetten. Die restliche Butter nun mit dem Zucker und einer Prise Salz verrühren. Danach die Eier , Milch und den Avocadomus zur Butter geben, einrühren. Dann in einer anderen Schüssel Mehl, Kakaopulver und Backpulver vermengen. Jetzt nach und nach das Mehl zur Avocado-Eier-Butter geben und einrühren bis eine cremige Masse entstanden ist. Nun den Teig in die Kastenform einfüllen und im vorgeheizten Backofen ca. 60 Minuten backen. Anschließend den Kuchen etwas abkühlen lassen und aus der Form lösen.

Nun dem Puderzucker vorsichtig etwas Zitronensaft und Avocadomus hinzufügen, zu einem dickflüssigen Guss verrühren. Diesen über den abgekühlten Kuchen gleichmäßig verteilen und in die Kühlung geben.

Avocado-Muffins mit Limettenglasur

Zutaten für 12 Muffins
Für die Muffins:

1 Avocado
130g Zucker
100ml Sonnenblumenöl
2 Eier

240g Weizenmehl
2 TL Backpulver
3 EL Limettensaft
1 Prise Salz

Für den Guss:

200g Puderzucker
3 EL Limettensaft

Zubereitung

Den Backofen auf 180 Grad Ober/Unterhitze vorheizen. In einer Schüssel den Zucker mit dem Öl vermischen und die Eier unterrühren. Die Avocado halbieren, entsteinen und das Fruchtfleisch entnehmen. Dieses in eine Schüssel geben, dann den Limettensaft hinzufügen und mit einer Gabel pürieren. Anschließend der Eier-Zucker-Butter-Mischung beigeben und vermischen. In einer weiteren Schüssel Mehl, Backpulver und Salz vermengen und nach und nach in die Eiermischung unterrühren, gut mischen. Im Anschluß den Teig in die gefetteten Muffinsförmchen einfüllen und ca. 15 bis 20 Minuten im Ofen backen. Während die Muffins vollständig Auskühlen, den Puderzucker mit dem Limettensaft vorsichtig verrühren, um einen zähen Guss zu erhalten. Danach mit der Glasur Streifen oder beliebige Muster über die Muffins giessen. Kurz antrocknen lassen und servieren.

Getränke

Avocado Lassi

Zutaten für 3 Personen

2 Avocado
400ml Vollmilch
400g Joghurt
2-3 TL Honig
3 Stängel Minze

Zubereitung

Die Avocado halbieren, entsteinen, das Fruchtfleisch entnehmen und würfeln. Dann die Avocadmasse in einen Mixer füllen und pürieren. Nun den Joghurt und den Honig hinzufügen und erneut mixen. Dann die Milch hinein geben, pürieren bis eine flüssige Creme entsteht. Nun in Gläser füllen und mit den Minzstängen garnieren.

Avocado Bananen Smoothie

Zutaten für 2 Gläser

1 Avocado
2 Bananen
400ml kalte Milch
2 EL Limonensaft
Spritzer Agavendicksaft optinal

Zubereitung

Die Avocado halbieren, entkernen und das Fruchtfleisch entnehmen. Die Bananen schälen und in groben Stücken zusammen mit der Avocado in einen Mixer geben. Nun die Milch und etwas Limonensaft dazu geben und zu einem cremigen Smoothie verarbeiten. Wer es gerne süßer mag, fügt noch einen Spritzer Agavendicksaft hinzu.

Avocado-Dattel Smoothie

Zutaten für 2 Gläser

1 Avocado
65g getrocknete Datteln
0,5 Limette
300ml kalte Milch
30g Mandelkerne

Zubereitung

Die Avocado halbieren, entsteinen und das Fruchtfleisch entnehmen. 2 dünne Scheiben abschneiden und den Rest in einen Mixbehälter geben. Von der Limette 2 Zesten abziehen, halbieren und den Saft einer Hälfte auspressen. Nun die Datteln, Mandeln und die Milch der Avocado beigeben und pürieren. Anschließend noch etwa 200ml Wasser hinzufügen, je nachdem wie dickflüssig der

Smoothie gewünscht ist und mit restlichem Limettensaft abschmecken. In Gläser füllen und mit Limettenzesten und Avocadoscheiben dekorativ anrichten.

Vietnamesischer Avocado Drink

Zutaten für 2 Gläser

2 Avocados
120ml Milch
3 EL gezuckerte Kondensmilch
50g Eiswürfel

Zubereitung

Die Avocados halbieren, entkernen, das Fruchtfleisch entnehmen und in einen Mixer geben. Nun die gezuckerte Kondensmilch, Milch und die Eiswürfel untermischen. Dann erneut mixen, bis eine cremige Konsistenz erreicht ist. Eisgekühlt geniessen!

Eiskalter Avocado-Kaffee

Zutaten für 2 Gläser/Tassen

2 Avocado
100ml gezuckerte Kondensmilch
60ml vietnamesischer Kaffee
10g Zucker
Eiswürfel

Zubereitung

Die Avocado halbieren und entsteinen, dann das Fruchtfleisch heraus lösen. Die Avocado in einen Mixbehälter geben und die gezuckerte Kondensmilch hinzufügen und mixen bis eine Creme entstanden ist. Nun den vorbereiteten Kaffee mit Zucker in einem Milchaufschäumer aufschäumen. Danach die Avocadocreme abwechselnd mit dem Kaffee

in ein Glas giessen, mit Eiswürfeln auffül-
len. Evtl. dekorativ mit 1-2 hauchdünnen
Scheiben Avocado toppen.

Mehr Kaffeerezepte in Capt. Swings Geheimer
Bibliothek „Kaffee"

Avocado-Likör

Zutaten für 2 Personen

1 Avocado
80g Zucker
130ml Sahne
250ml Cognac, weisser Rum oder Weinbrand

Zubereitung

Die Avocado halbieren, entsteinen und das Fruchtfleisch herauslösen. In einem Mixer das Fruchtfleisch mit dem Zucker und der Sahne fein pürieren. Sollte die Masse faserig sein, durch ein Sieb streichen. Nun den Cognac hinzugeben und erneut mixen.
Anschließend in eine sterile Flasche abfüllen und in die Kühlung geben. Vor Gebrauch schütteln und zügig verbrauchen.

Liköre - selbst gemacht
Über 50 Rezepte hat Melanie Koßmann in diesem
Band zusammengestellt
Selbst gemachter Likör ist immer ein wundervolles
Geschenk aus der Küche, welches von Herzen
kommt!

Paperback 88 Seiten 8,95 €
ISBN 9 783755 715504

„Eine gute Tasse Kaffee" Wieviel Arbeit hinter der Herstellung steckt; warum es besser ist, für weniger Geld als ein Kapsel kostet, exklusiven Kaffee zu trinken und wie unterschiedlich Kaffee bereitet werden kann; das alles erfahren Sie in dem kleinen Buch unseres Autorenteams Melanie Koßmann und Yürgen Oster.

Paperback 128 Seiten 12.- €
ISBN 9 783756 838738

**Capt. Swings
Geheime Bibliothek**

Kuchen ohne Backen

Du findest 40 Rezepte für Kuchen und Torten, mit
Früchten und Kinder Bueno, schnelle und raffinier-
te. Du brauchst keinen Backofen, aber (fast) immer
einen Kühlschrank.

Paperback 88 Seiten 12,00 €
ISBN: 9 783757 882372

Capt. Swings Geheime Bibliothek

Ballonspiele   Paperback 72 Seiten 7,95 €
Altes Brot   Paperback 110 Seiten 9,95 €
Das kleine Bruschetta-Buch
Paperback 96 Seiten 9,95 €
Kosmetik - selbst gemacht
Paperback 140 Seiten 9,95 €
Die kleine Natron und Backpulver Fibel
Paperback 72 Seiten 8,50 €
Kürbis Die 50 besten Rezepte
Paperback 120 Seiten 9,95 €
Latein für Alle Paperback 70 Seiten 7,95 €
Märchen aus aller Welt - Band 1 Asien
Paperback 108 Seiten 9,95 €
Das unmögliche Ausmalbuch
Paperback 110 Seiten 9,95 €
Die 50 besten Streichholz Rätsel
Paperback 78 Seiten 8,95 €
Yi Jing - Das chinesische Weisheits- und Orakelbuch
Paperback 88 Seiten 9,95 €
Achtsamkeit - 30 Methoden Dein Leben zu verbessern
Paperback 78 Seiten 8,95 €
Das LSD Tattoo und andere urbane Legenden
Paperback 72 Seiten 7,95 €
Salz - Geschichte, Verwendung, Rezepte
Paperback 100 Seiten 9,95 €